재미만만 한국사 16
## 좌충우돌 조선 전쟁 극복기

초판1쇄 발행 2020년 11월 10일 | 초판 14쇄 발행 2024년 12월 9일
글 손주현 | 그림 심민건 | 감수 하일식
발행인 이봉주 | 편집장 안경숙 | 기획 안경숙, 구름돌 | 편집 및 디자인 구름돌
디자인 포맷 구름돌, 민트플라츠 송지연 | 마케팅 정지운, 박현아, 원숙영, 김지윤, 황지영 | 제작 신홍섭

펴낸곳 (주)웅진씽크빅 | 주소 경기도 파주시 회동길 20 (우)10881
문의전화 031)956-7440(편집), 031)956-7569, 7570(마케팅)
홈페이지 www.wjjunior.co.kr | 블로그 blog.naver.com/wj_junior
페이스북 facebook.com/wjbook | 트위터 @new_wjjr | 인스타그램 @woongjin_junior
출판신고 1980년 3월 29일 제406-2007-00046호 | 제조국 대한민국 | 사용 연령 7세 이상

글ⓒ손주현, 2020 | 그림ⓒ심민건, 2020
저작권자와 맺은 특약에 따라 검인을 생략합니다.

웅진주니어는 (주)웅진씽크빅의 유아·아동·청소년 도서 브랜드입니다.
이 책은 저작권법에 의해 한국 내에서 보호를 받는 저작물이므로 무단전재와 복제를 금하며,
이 책 내용의 전부 또는 일부를 이용하려면 반드시 저작권자와 (주)웅진씽크빅의 서면 동의를 받아야 합니다.

ISBN 978-89-01-24419-8 · 978-89-01-24403-7(세트)

잘못 만들어진 책은 바꾸어 드립니다.
⚠주의 1. 책 모서리가 날카로워 다칠 수 있으니 사람을 향해 던지거나 떨어뜨리지 마십시오. 2. 보관 시 직사광선이나 습기 찬 곳은 피해 주십시오.

# 좌충우돌 조선 전쟁 극복기

글 손주현 | 그림 심민건

웅진주니어

## 재미만만 한국사 조선 **차례**

### 1. 조선의 땅에서 일본군을 몰아내라
6~33쪽

이름: 한끼
직업: 노비, 의병
특기: 발 빠르게 뛰어다니기

양반집 노비로, 피란길에 스스로 의병이 되어 끝까지 남아 싸운 의리남! 일본군에 승리하는 데 작게나마 한몫한 것에 큰 자부심을 갖는다.

### 2. 조선의 바다에서 일본군을 물리쳐라
34~61쪽

이름: 이순신
직업: 장군
특기: 적을 유인해 몰살시키기

용의주도한 전략의 귀재! 적의 침략에 대비한 준비성도 뛰어나다. 임진왜란에서 전투마다 승리를 거두며 일본군을 물리친다.

## 3 청나라의 위협에서 벗어나라
62~85쪽

이름: 최명길
직업: 관리
특징: 현실주의자

정묘호란과 병자호란 때 청나라의 요구를 들어주자고 주장한 문신. 비굴해도 현실을 생각하여 나라만은 지켜야 한다고 주장한다.

## 4 전쟁의 상처를 극복하라
86~105쪽

이름: 차돌쇠
직업: 농부
별명: 불사신 할아범

전쟁을 네 번이나 겪었으나 끝까지 살아남은 사람. 산전수전 다 겪으며 전쟁을 극복하는 방법을 누구보다 잘 알아 참견도 잘한다.

# 1 조선의 땅에서 일본군을 몰아내라

때는 1592년 4월!
일 년 중 제일 기쁜 날,
바로 우리 도련님의 생일이 다가오고 있었어.
도련님의 몸하인인 나는
내 생일보다 도련님 생일이 더 좋아.
시도 때도 없이 배고파서
하루 한 끼만 먹으라고 이름이 '한끼'가 된 나야.
그러니 먹을 것이 넘쳐 나는 도련님 생일은
내가 손꼽아 기다리는 날이지.
그렇게 기다리고 기다리던 날인데
올해는 망했어. 흑흑!

왜냐하면 일본이 우리나라에 쳐들어왔기 때문이야.
일본은 중국 명나라를 정복한다며
조선에 길을 내어 달라고 했대.
그런데 조선이 이를 거절하자 쳐들어왔다는 거야.
너희들이 알고 있는 임진왜란이 일어난 거지.
조선은 200년 동안 평화를 누려
전쟁 준비가 전혀 되어 있지 않았어.
일본군이 부산 도착 하루 만에 부산진성을 무너뜨리고,
한양을 향해 올라오고 있다니 얼마나 무서워.
주인어른 가족과 우리 노비들은 대충 짐을 싸서 한양을 떠났어.
일본군이 닿지 않을 만한 곳을 찾아 걷고 또 걸었지.

며칠을 걸었나 몰라.
그런데 내가 큰일을 내고 말았어.
하도 배가 고파 먹을 걸 찾다가 무리에서 벗어나고 만 거야.
나만 따라다니던 도련님과 숲속에서 길을 잃고 말았어.
"이게 뭐야? 우리만 떨어지고 말았잖아. 어떡해!"
도련님은 내 탓을 하며 노발대발했지.
"쉿! 도련님, 저기 사람들이 보여요.
일본군은 아니겠지요?"

얼른 몸을 숨기려는데 아차차! 너무 늦었어.
"너희는 누구냐?"
다행히 일본군이나 산적처럼 보이지는 않았어.
"저, 저는 한끼라고 하는데……, 아저씨들은 누구세요?"
"우린 의병이다. 나는 의병을 이끄는 의병장이고.
조선과 백성을 위해 일본군과 싸우는 중이란다."
"예? 그 무시무시한 일본군과 싸운다고요?"

누구의 말을 믿어야 할지 모르겠지만 조선과 백성을 위해
싸운다는 의병장님의 말에 나는 무척 감동을 받았어.
"저도 의병이 될래요! 같이 가게 해 주세요."
도련님은 나의 말에 버럭 화를 내며 소리쳤어.
"뭐? 무슨 소리야? 가족을 찾아야지!"
"우리끼리 산속을 헤매다 일본군이라도 만나면 어떡해요?"
나는 너무 위험하니 의병들을 따라가자고 도련님을 설득했지.
의병장님도 내가 하도 간절하게 비니까 허락해 주었어.

듣자니 다른 의병 아저씨들도 나처럼 스스로 의병이 되었대.
누가 시켜서 의병이 된 게 아니라는 거야.
의병장님은 의병에 대해 설명해 주었어.
"정신 차리고 보니 우릴 지켜 줄 왕도 관군도 없더구나.
그래서 우린 자신을 지키기 위해 무기를 들었단다."
의병 중에는 농부도, 그릇을 만들다 온 사람도,
조선 병사로 싸우다가 겨우 살아남은 사람도,
절에서 부처님을 모시다 온 스님도 있다네.
스님은 생명을 죽이면 안 되지만 나라를 지키는 데는 예외래.
의병장님은 조선 곳곳에 이런 의병들이 많다고 했어.

그 밖에도……

내가 달리기를 잘한다고 하니 의병장님은 임무를 하나 맡겼어.
산을 이리저리 돌아다니다 일본군을 보면,
어디서 무엇을 하는지, 몇 명이나 되는지 살펴보고 오라는 거야.
난 일본군을 보면 의병장님에게 바로 달려가 보고했지.
그러면 우리 의병들은 지름길로 가서 숨어 있다가
일본군에게 공격을 퍼부었어.

여기서 나고 자란 사람들이니 길을 얼마나 잘 알겠어.
그러니 우리가 더 유리할 수밖에.
예상치 못한 공격에 일본군은 어쩔 줄 몰라 했지.
일본군은 조총에 불을 붙여 보지도 못하고 화살에 맞고,
어디서 날아오는지도 모르는 돌에 맞아 도망쳤어.

의병들을 따라다니면서 도련님의 성화에
주인어른 일행을 찾아보았지만 찾기가 쉽지 않았어.
시간은 흘러 1593년 1월 어느 날,
다른 지역 의병들이 우릴 찾아왔어.
중국 명나라에서 지원군을 보내 줘서
우리 조선군과 같이 평양에서 일본군을 몰아냈대.
그러면서 전쟁이 점점 일본군에 불리해지고 있다더라고.

"행주산성에서 권율 장군이 전투를 준비한답니다.
중요한 전투이니 저희도 참가하려 합니다."
그 말에 우리 의병들도 참가하자는 말이 나왔어.
"행주산성은 한강과 절벽을 끼고 있어서
적은 수로도 많은 수의 적군에 맞설 수 있습니다."
의병장님은 결심한 듯 큰 소리로 외쳤어.

"우리도 행주산성으로 간다.
한양을 되찾을 수 있는 중요한 전투다.
우리가 수는 적지만
그래도 분명 도움이 될 것이다."

가자!
행주산성으로!

나는 도련님에게 의병들을 따라
행주산성으로 가자고 했어.
그런데 도련님은 손사래를 치는 거야.
"야, 너무 오랫동안 의병들을 따라다녔어.
행주산성에 가면 분명 살아 나오지 못할 거야."
도련님은 어서 가족을 찾으러 가자며
나를 앞장세웠지.

나는 먼저 주인어른 일행부터 찾아야겠다고 생각했어.
도련님 말대로 위험한 행주산성에 같이 갈 수는 없잖아.

한참을 찾아 헤매다 우연히 도련님을 찾는 일행을 만났어.
휴, 도련님이 곧 주인어른을 만날 테니 정말 다행이야.

난 도련님 몰래 슬금슬금 행주산성으로 향했어.
왜냐하면 난 이미 의병이니까!

나는 빠른 걸음으로 우리 의병들을 겨우 찾을 수 있었어.
우리는 행주산성으로 가다가
경상도에서 진주성 전투를 겪었다는 의병 몇 명을 만났어.
"듣자니 작년 10월에 진주성에서 4천 명도 안 되는 병사로
일본군 2만여 명에 맞서 싸워 이겼다면서요?"
"우리가 무너지면 일본군이 곡식이 풍부한 전라도로 들어가
자신들의 식량을 마련할 테니 목숨을 걸 수밖에요."
나는 귀를 쫑긋거리다 못 참고 끼어들었지.
"개미 떼처럼 몰려든 일본군을 어떻게 물리쳤어요?"
"성안에서는 김시민 장군과 군사들, 백성들이 죽어라 싸우고,
성 밖에서는 곽재우 의병장과 의병들이 일본군과 싸웠단다."
"붉은 옷을 입고 동에 번쩍, 서에 번쩍 했다는 홍의 장군요?"
"맞아! 홍의 장군, 곽재우 의병장뿐만 아니라
끝까지 죽을힘을 다한 진주성 백성들이 정말 대단했단다."
진주성 의병들과 같이 행주산성으로 간다니 왠지 든든했어.

우리는 행주산성에 도착해 이런저런 전쟁 준비를 도왔어.
마침내 1593년 2월, 일본과의 전투가 시작되었어.
권율 장군의 지휘 아래 모인 정예군은 단 2,300여 명에 불과하고,
성 밖에 몰려온 일본군은 3만여 명이었어.
일본군은 조총에 불을 붙이고 마구잡이로 쏘아 댔지.

권율 장군은 앞으로 나와 소리쳤어.
"일본군이 조총에 불을 붙이는 사이 얼른 신기전을 발사하라!"
신기전은 화살에 화약이 달려 있어 조총보다 더 멀리 나가.
일본군은 후드득 불꽃이 터지며 날아가는 신기전의 화살을
소나기처럼 맞으며 픽픽 나자빠졌지.

근데 이래저래 싸워도 적들은 줄어들 기미가 보이지 않았어.

재 가루는 바람을 타고 일본군을 덮쳤지.

급기야 여자들까지 나서서 앞치마에 돌을 담아 날랐어.
병사와 아저씨들은 돌을 던지고, 농기구까지 들고 싸웠지.

죽어라 싸웠지만 더 이상 쏠 화살도,
던질 돌멩이도 바닥이 드러났어.
흑, 끈질긴 일본군!
이대로 지는 게 아닌가 싶어서 모두 눈물을 흘렸어.
"헉헉! 이제 끝인가? 어떡하든 막아 내고 싶었는데……."
의병장님의 눈물을 보니 나도 펑펑 울고 싶었어.
그때야!
성벽 뒤로 펼쳐진 한강을 따라
큰 배 두 척이 다가오고 있네.
돛 모양으로 보나 배 모양으로 보나 우리 조선의 배였지.
나도 모르게 크게 소리를 질렀어.
"지원군이에요! 저기 가득 실린 화살이 보여요!"
내 말에 쓰러져 있던 사람들이 벌떡 일어나
강 쪽을 보았어.
"맞아, 맞아! 지원군이야. 아, 살았다!"
위풍당당하게 다가오는 배를 보고
일본 장수는 겁에 질렸어.
"헉, 지원군이다. 후퇴! 모두 후퇴하라!"
꽁지 빠진 닭이 도망치는 거 봤어?
행주산성 전투에서 내빼는
일본군 모습이 꼭 그랬단다.

권율 장군은 도망치는 일본군을 쫓아가 혼쭐내 줬어.
일본군은 어마어마한 피해를 입고 남쪽으로 내려갔지.
이제 일본은 조선을 쉽사리 공격하지 못할 거야.
난 기쁜 마음을 안고 집으로 돌아왔어.
주인어른 가족, 내 부모님, 다른 노비들도 모두 와 있지 뭐야.
"야, 이 녀석! 무사히 돌아왔구나. 정말 다행이다!"
도련님이 날 많이 걱정했는지 무척 반가워하더라고.
난 도련님에게 자랑스럽게 말했어.
"권율 장군님은 진짜 대단하고 멋진 분이에요.
도련님도 그분을 봤어야 했는데……."
"얼마나 대단한지 나도 들었다.
근데 바다에서도 권율 장군 못지않은 장군이 있다더라."
권율 장군 못지않다니 말도 안 돼.
그렇게 대단한 분이 또 있을 리가 없잖아.
이순신 장군이라고 했나?
진짜인지 아닌지 한번 들어 볼까?

# 2 조선의 바다에서 일본군을 물리쳐라

일본군이 우리 조선에 쳐들어와
여기저기 부수고, 태우고 난리야.
듣자니 일본군이 그렇게 자신만만하다지?
하지만 그들이 계산 못 한 게 있어.
바로 '모두가 우러러보는 영웅'이란 뜻의
'성웅'이 이 나라에 있다는 것!
이렇게 어마어마한 별명을 가진 사람이 누구냐고?
바로 나 이순신이지.
좀 부담스러운 이 별명을
내가 어떻게 얻게 되었는지 들어 봐.

나는 서른 살이 넘어 무관을 뽑는 무과 시험에 합격했어.
전라도 해안의 동쪽을 지키는 수군 사령관인 '전라 좌수사'로
임명된 것은 임진왜란이 일어나기 1년 전이었어.
그때 할 일이 얼마나 많았는지 말도 못 해.
"조선의 수군들아,
내가 여러 지역을 다니면서 느꼈던 것이다.
첫째, 준비해 놓으면 절대 근심이 생기지 않는다.
둘째, 사람은 편안할 때 위태로움을 생각해야 한다.
특히 군인은 더! 알겠느냐?"
"네, 알겠습니다. 이순신 장군님!"
대답은 잘했지만 내 뒤에서 수군대는 거 나도 알고 있었어.

## 오늘 한 일

- ☑ 성벽 구멍을 고쳐 놓지 않은 책임자 볼기 침.
- ☑ 화살 갖춰 놓지 않은 무기 창고 책임자 월급 깎음.
- ☑ 거북선 잘 만들어 온 책임자 계급 올려 줌.
- ☑ 군인들의 식량, 군량 마련을 위해 버려둔 땅 찾음.
- ☑ 군사 훈련을 게을리한 병사 모아서 벌을 줌.
- ☑ 청어를 잡아 쌀로 바꿔 오게 시킴.

하지만 여태 전쟁이 안 났다고
앞으로도 안 날 거란 보장이 있나.
대비를 안 하고 당하는 것보다는
대비했다 쓸모없는 게 낫지.

1592년 4월, 내가 걱정했던 일이 정말 터지고 말았어.
일본군이 우리 조선에 쳐들어와 부산에서 20여 일 만에
한양까지 치고 올라갔다는 거야.
으으, 분하다!
조선 땅을 밟기 전, 나와 바다에서 승부를 봤어야 했는데……

모든 수군은
준비해 둔 무기를 싣고 옥포로 간다.
그동안 갈고닦은 실력을 보여 줄 때다!
훈련한 대로만 하라!
출발!

분한 마음을 안고 5월 초, 마지막 점검을 하고 있는데
경상도 우수사인 원균 장군에게서 연락이 왔어.
"일본 수군이 쳐들어와 해안가 백성들을 괴롭히고 있소.
배도 많고 무기도 많은 그대가 좀 도와주시오."
나는 우리의 자랑스러운 배, 판옥선을 끌고 옥포로 갔어.

옥포 포구는 연기로 가득 차 있었어.

우리는 일본 수군의 조총이
닿지 않을 거리에 배를 세웠어.

첫 승리 후, 우리의 사기는 하늘을 찌를 듯했어.
연이은 합포 해전과 적진포 해전까지 승리로 이끌었지.
한데 얼마 지나지 않아 일본 수군이 또 침입했다는 거야.
나는 거북선을 이끌고 일본이 침입했다는 사천으로 향했어.
아뿔싸! 사천은 포구가 좁은 데다 바닷물이 밀려 나가는 때라
물 높이가 낮아져 판옥선을 댈 수가 없네.
"안 되겠다. 후퇴하는 척하며
물이 깊은 곳으로 일본 수군을 유인하라!"
우리는 배를 돌려 도망치는 척했어.
일본 수군은 우리를 격파하겠다며 쫓아왔지.

깊은 바다에 다다랐을 때 거북선이 위력을 보여 줬지.
용머리에서 연기를 뿜고, 사방에서 화포를 쏘아 대고,
튼튼한 덮개와 몸체로 돌진해 일본 배를 족족 깨부쉈어.
부서지고 쪼개지는 소리에 귀가 먹먹할 지경이었다니까.
마침 바닷물이 밀려 들어오기 시작했어.
"이번에는 판옥선이다. 돌진! 화포와 화살을 쏴라!"
우리는 결국 일본 배를 모두 격파해 승리를 거두었어.
"와, 와! 이겼다!"

옥포 해전 승리를 시작으로 우리 수군은 싸울 때마다
승리, 승리, 승리…….
일본에 내리 일곱 번이나 이겼지. 으하하!
이러니 일본에서 내 이름이 오르내리기 시작했대.
일본 최고 권력자 도요토미가 화가 잔뜩 나 명령을 내렸다네.
"모든 정예군은 힘을 합쳐 이순신의 수군을 격파하라!"
일본 수군은 이를 바득바득 갈며 우리를 향해 진군했어.

결전 장소는 남해안 한산도 앞.
우리는 한산도 당포에, 일본 수군은 견내량에 진을 쳤어.
견내량은 물이 얕고 암초가 많아 큰 배로 싸우기엔 무리였어.
더욱이 일본 수군이 육지로 도망치기 좋은 곳이었지.
난 고민 끝에 한산도 앞바다로 놈들을 유인하기로 했어.

1592년 7월, 일단 다섯 척의 배를 견내량으로 보냈어.
작전명은 깐죽대다 도망치기.
싸우는 척 화살을 날리다 급하게 배를 돌려 도망쳤어.
우리는 한산도 앞바다에서 숨죽여 놈들이 나올 때를 기다렸지.

"지금이다!
학익진으로 놈들의 배를 에워싸라!"
학익진은 학의 날개 모양으로
적의 배를 포위하는 전투 대형이야.

일본 배가 학 날개 모양 안으로 들어오자
우리 배는 일본 배에 가까이 붙으며 일제히 포를 쏘았지.
최대한 가까이 붙어서 쏘니 명중률이 얼마나 높아.
또 거북선은 포위된 일본 배를 깨부숴 버렸어.
"뚫리지 않게 하라! 한 척도 보내선 안 된다!"
놈들은 도망가다 뒤집히고 부서지며 바다로 가라앉았어.
우리는 피해를 거의 입지 않고 큰 승리를 거두었지.
바다를 통해 식량과 무기를 실어 나르려던 일본의 계획이
산산조각이 나던 순간이라고 해야 할까?

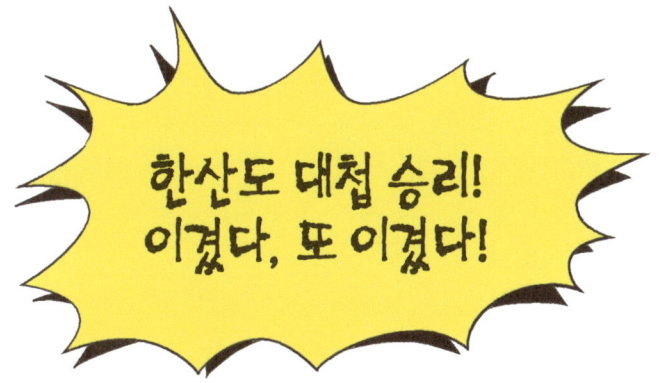

한산도 대첩 이후, 일본군에 밀렸던 육지 전쟁도 달라졌어.
김시민 장군이 진주성을 지켰고, 명나라 군대의 도움을 받아
빼앗겼던 평양성을 되찾았고, 권율 장군이 행주산성을 지켰지.
우리 기세에 놀란 일본은 전쟁을 끝내려
3년을 넘게 명나라와 협상을 했어.
거참, 조선을 쏙 빼고 두 나라가 무슨 협상을 한다고…….
하여튼 결국 두 나라의 의견이 너무 달라 협상은 실패!

3년 후…….

일본은 협상에 실패하자 1597년에 다시 조선을 침략해 왔어.
이 전쟁을 정유재란이라 불러.
그런데 지난 전쟁에서 일본은 뭔가 느낀 모양이야.
바다와 곡식이 풍부한 전라도를 장악하지 못했기 때문에
전쟁에 실패했다고 생각했는지 먼저 나부터 없애려고 했지.

왕은 일본 첩자의 말만 믿고, 나에게 가토를 잡아 오라는 거야.
나는 이것저것 다 따져 보고 거짓 정보라고 판단했어.
하지만 왕은 자꾸 재촉했지.

내가 감옥에 있는 사이 큰일이 벌어졌어.
우리 수군이 일본 수군에 참패를 당한 거야.
칠천량 해전의 결과는 처참했어.
수군 병력 대부분을 잃어버렸지.
겨우 구한 배가 열두 척!
선조께서는 어쩔 수 없이 나에게
다시 조선의 바다를 맡겼어.
나야 억울한 마음은 있지만 뭐 어쩌겠어.
일본 수군을 막지 못해 전라도 일대가
온통 쑥대밭이 되었다니 그것부터 해결해야 했지.

누가 봐도 불가능한 싸움이지만 포기할 내가 아니야.
"이번에는 명량이다! 모든 배는 명량으로 모여라."
일본 배는 바람을 가르듯 바다 위를 미끄러져 왔어.
자신감이 넘치는 모습에 조선 수군은 움츠러들었지.
"적들이 너무 많습니다! 아무래도 틀렸어요."
"정신 차려! 내가 어젯밤 뭐라고 당부했지?"
"죽기로 하면 살 것이오, 살기로 하면 죽을 것이다!"

죽을힘을 다해 싸우면 살 것이다! 공격!

사실 명량은 폭이 좁아 물살의 흐름이 빨라질 때가 있어.
난 그때를 노린 거야. 다 계획이 있었지.
"시간이 되었다! 드디어 물길이 바뀌기 시작했다!"

빨라진 물살 때문에 일본 배는
자기들끼리 서로 뒤엉키고 부딪치고 난리였어.
나는 우왕좌왕하는 일본 배에 집중적으로 화포를 쏘아 댔지.
우리는 마침내 일본 수군을 물리치고 승리를 거두었어.

우리에게 남은 배는?

# 자, 그, 마, 치 열세 척이었어.

병사들을 불러 모으니 다들 얼이 빠진 모습이야.
이겼다는 사실이 믿기지 않아
몇 번이나 볼을 꼬집는 모습도 보였지.
"승리다! 우리가 이겼어! 우리가 막아 냈다!"
"이순신 장군 만세! 조선 수군 만세!"
뒤에서 지켜보던 백성들도 기쁨의 환호성을 질렀어.

와, 내가 살아 돌아갈 줄 몰랐당께.

## 1597년 9월, 명량 해전 대승리!

　　　명량 해전 이후 일본의 기세가 주춤했어.
게다가 1598년 8월, 일본 도요토미가 죽었다는 소식이 들렸지.
　　　나는 일본군이 우리를 공격해 피해를 주면서
　　　일본으로 돌아가려 한다는 첩보를 들었어.
　　　"일본군을 곱게 돌려보낼 수 없습니다!"
　　　나는 명나라를 설득해 일본군을 함께 무찌르기로 했어.
　　　　　전투를 앞두고 나는 하늘에 빌었지.
'이 원수들을 모두 무찌른다면 지금 죽어도 한이 없습니다.'
　　　노량 앞바다로 후퇴하려는 일본 배들이 모여들었어.
　　　조선 수군과 명나라 수군은 힘을 합쳐 일본군을 공격했지.

비록 목숨은 잃었지만
조선을 구했으니 되었지 뭐.
자, 이게 나의 다소 부담스러운 별명
'성웅'이 생겨난 과정이야.
7년간 이어진 일본과의 전쟁이 끝났지만
안타깝게도 몇십 년 후에
다른 민족의 침입을 받게 된단다.
하지만 나 못지않은 위기 극복 전문가,
최명길이 있다는데 어떠했을지 궁금하구나.
어디 한번 이야기를 들어 볼까?

모두가 우러러보는 영웅!

# 3 청나라의 위협에서 벗어나라

나는 위기 극복 전문가 최명길.
임진왜란이 끝난 후
　　선조의 뒤를 이어 왕이 되신 광해군을
김유, 이귀 등과 함께 몰아내고
　　인조를 왕으로 세운 사람이야.
나를 비롯한 관리들은
임진왜란으로 황폐해진 나라를 되살리려
온 힘을 쏟았어.
나라를 안정시키고, 국방을 튼튼히 하고,
　백성들을 위한 제도를 마련하느라 바빴지.
　　물론 가장 고생한 사람은 백성들이지만.

나라를 되살리는 것도 힘에 부치는데
여진족이 세운 나라, 후금 때문에 우리는 더 힘들었어.
명나라와 전쟁을 벌이더니 우리까지 위협하는 거야.
결국, 후금은 1627년 1월에 우리나라를 쳐들어왔어.
명나라와 가까이하고, 후금을 멀리하는 조선이 걸렸던 거지.
후금은 말 위에서 먹고 잔다는 소문답게
압록강을 건너 순식간에 평양성을 차지해 버렸어.
"전하, 얼른 강화도로 몸을 피하셔야 합니다."
우리 신하들은 인조를 모시고 후다닥 강화도로 도망갔지.

그런데 후금이 먼저 협상을 하자는 거야.
"명나라와 관계를 끊고 우리와 형제 관계를 맺으면 물러가겠다.
물론 후금이 형이고, 조선이 아우다!"
신하들은 후금의 요구를 들어주자는 주화파와
후금에 굴복할 수 없다며 끝까지 싸우자는 척화파로 나뉘었어.
나는 전쟁을 빨리 끝내고자 주화파에 앞장섰지.

"죽는 것보다는 오랑캐의 요구를 들어주는 게 낫겠지······."
한참을 고민하던 인조께서 주화파의 손을 들어 주었어.
후금은 형으로 모시겠다는 우리의 약속을 믿고 돌아갔어.

그 뒤 우리는 10여 년을 후금과 적당히 친한 척하며 지냈어.
그런데 후금은 갈수록 지나친 요구를 해 오네.
그러니 우리의 참을성도 점점 바닥을 보이기 시작했지.

사실 겉으로만 후금에 고개를 숙이는 척한 거지, 속으로는 오랑캐라고 여기며 무시하는 마음이 컸거든.

그사이 후금은 힘이 더 세져서, 나라 이름도 청으로 바꾸었어.

청나라는 명나라와의 전쟁을 앞두고
조선이 명나라를 돕지 못하도록 조선을 손안에 쥐려 했어.
"우리가 얼마나 대단한지 알겠느냐?
형제 관계는 무슨!
이제 청나라는 임금 나라,
조선은 신하 나라다."
당연히 조선에서는 난리가 났지.
"전하! 오랑캐 주제에 감히
임금과 신하 관계라니요!"
"맞습니다, 전하!
예의도 도덕도 모르는 자들에게
어찌 머리를 숙인단 말입니까!"
이번에는 인조께서도
화를 버럭 내셨어.

결국 조선이 임금과 신하 관계를 거절하자
1636년 12월에 청나라 태종은
직접 10만여 명의 군사를 이끌고 쳐들어왔어.
병자호란이라 불리는 전쟁이 일어난 거야.

"아니, 대체 얼마나 빨리 오는 거야?"
우리 신하들은 헐레벌떡 인조를 모시고
강화도 피란길에 나섰어.
그런데 나쁜 소식이 전해졌어.
"전하, 청나라군이 강화도로 가는 길을 막았답니다."
청나라군은 압록강을 넘은 지
6일 만에 한양까지 온 거야.
우리는 어쩔 수 없이
가까운 남한산성으로 피하기로 했지.

급한 대로 남한산성에
오기는 왔는데
남한산성에는
1만 4천여 명의 군사와
50일 치 식량밖에 없었어.
더군다나 남한산성은
험한 산으로 둘러싸여 있어
방어하기는 좋은데,
일단 적에게 포위를 당하면
바깥세상과는 모든 게
끊기게 돼.
청나라는 이런 사정을 아는지
남한산성을 꽁꽁 에워싼 채
느긋하게 기다리고 있네.

주화파

이러다가는 나라가 망합니다. 일단 항복하고 훗날을 준비합시다!

지원군이 온다는 소식이 여러 번 들리기는 했지만 청나라군에 크게 졌다는 소식이 바로 뒤이어 들렸어. 사태가 이러하니 시간이 지날수록 나와 의견을 같이하는 사람들이 점점 늘어났어.
"이대로는 싸우다 죽거나 굶어 죽거나 둘 중 하나입니다. 일단 항복합시다!"
그러나 김상헌을 비롯한 척화파들은 여전히 항복은 죽어도 안 된다고 했지.

남한산성의 상황은 점점 나빠지고 있었어.
명나라에 군대를 보내 달라고 부탁했으나
이미 명나라도 꺼져 가는 불꽃!
뜻을 이룰 수가 없었지.
또 성안에서 나가지도 들어가지도 못하니
식량 지원을 받지 못해
먹을 것이 거의 남지 않았어.
땔감도 없어 성안 건물을 뜯어다 겨우 그걸로
거센 눈보라와 매서운 추위에 맞서야만 했어.
상황이 이렇다 보니 인조께서는
'청나라에 항복해야 하나?' 하는
생각이 드셨을 거야.
하지만 결정하기는 쉽지 않으셨겠지.
왜냐하면 인조께서는 광해군을
명나라가 베푼 은혜를 저버리고
후금과 친하게 지냈다는 이유로 쫓아냈거든.
이렇게 인조께서 왕의 자리에 앉았는데
이제 와서 후금이 세운 청나라에 항복하면
전하의 체면이 뭐가 되겠냐고.

## 남한산성 일기 1

남한산성으로 들어온 지 한 달이 훨씬 넘었다.
온 세상이 갈수록 얼어 가고,
산성에 갇힌 우리도 얼어 가고.
얼마나 더 버틸 수 있을지.
굶어 죽고, 추위에 병들어 죽는 백성이 늘어나고 있다.
나와 뜻을 같이하는 신하들은
척화파를 설득하려 무지 애를 썼다.
하지만 꼿꼿한 척화파 양반들은
우리를 배신자라며 상대도 하지 않으려 한다.
인조께서는 혹시나 싶어 청나라에 편지를 보내셨다.
"지금이라도 청나라로 돌아가실 생각은 없는지……."
청나라의 답은 단호했다.
"성 밖으로 나와 왕이 직접 넙죽 엎드려 항복할 것!
척화파 신하를 잡아 우리에게 넘길 것!"
아, 어찌 이럴 수 있단 말인가!

결국 우리는 청나라 태종이 있는 삼전도로 향해야 했어.

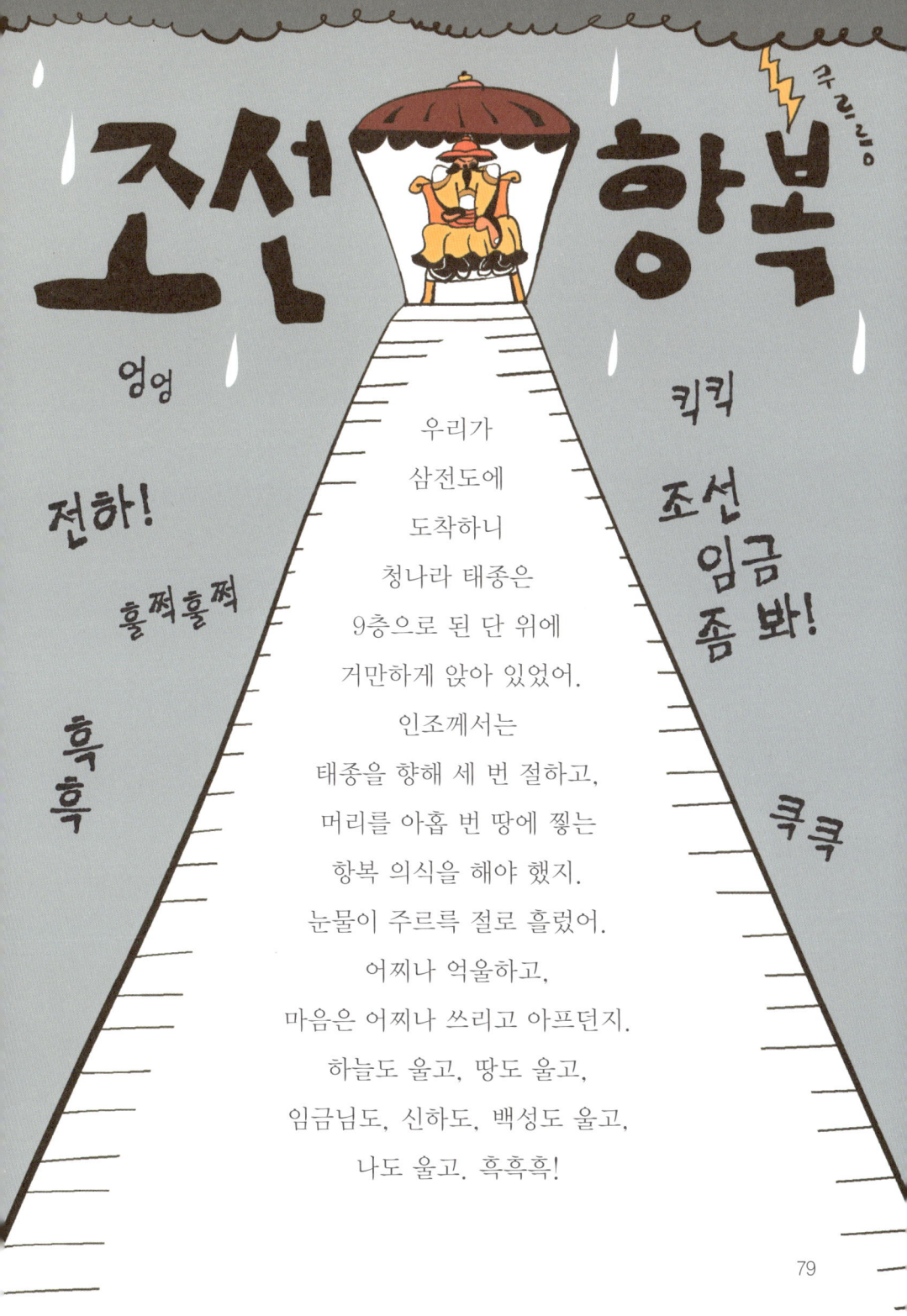

치욕적인 항복 의식이 끝난 뒤 인조께서는 궁궐로 돌아가고,
청나라군은 자기 나라로 돌아갔지.
그러나 조선이 딴마음을 먹고 청나라를 배신할까 봐
왕자인 소현 세자와 봉림 대군의 가족,
여러 신하를 인질로 끌고 갔어.
수많은 백성도 포로로 잡아가 청나라 노예 시장에 팔았대.
사람들은 나한테 '나라를 팔아먹은 사람'이라 했지.
그러거나 말거나 난 전쟁의 상처부터 회복할 궁리를 했어.
먼저 명나라 황제에게 청나라와 어떻게 된 것인지
조선의 상황을 설명하는 외교 문서를 은밀하게 보냈어.
청나라 몰래 명나라와의 관계를 유지한 거야.
한데 청나라에 딱 걸려 나도 인질로 잡혀가게 되었지.

내가 청나라에 있을 때 소현 세자의 인질 생활을 듣게 되었어.
소현 세자는 내가 학문을 가르친 제자이기도 해.
내 제자라서가 아니라 소현 세자는 정말 똑똑했어.

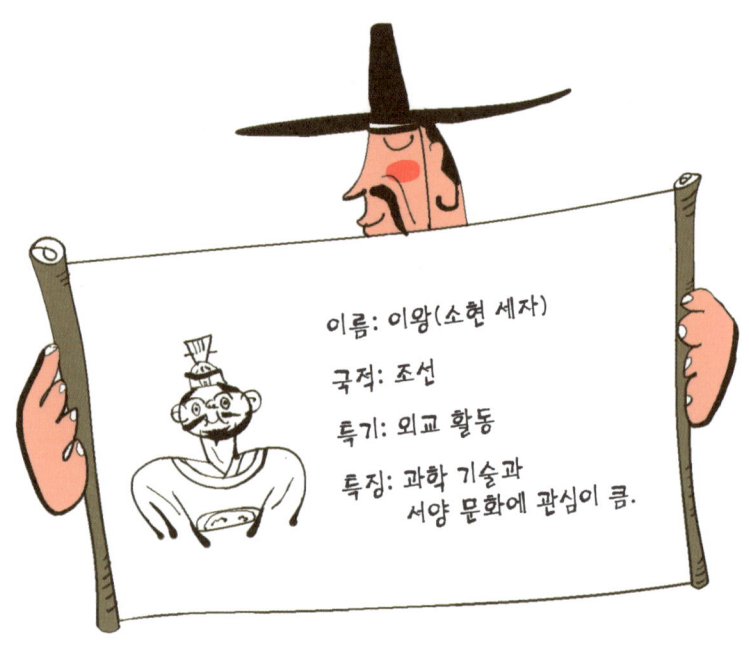

그래선지 소현 세자는 청나라에 가서도
조선에 도움 될 만한 것들을 찾았더라고.
청나라는 세자의 가족들에게 생활비를 주지 않으려고 했대.
그 대신 약간의 땅을 주며 직접 농사를 지으라고 했다는 거야.
조선 사람이 어떤 민족이야, 농사의 달인이잖아.

농사지어 얻은 곡식과 채소를 청나라 사람들에게 판 거야.
여기에 현명한 세자빈 강씨의 뛰어난 장사 수완까지 더해져
큰돈을 벌 수 있었던 거지.
그 돈으로 포로로 잡힌 조선 백성들의 몸값을 지불해
조선으로 돌아갈 수 있도록 도와주었어.
또 청나라의 무리한 요구를 소현 세자가 중간에 해결하면서
외교관 역할도 톡톡히 했지.

난 청나라로 끌려간 지 3년 만에 조선으로 돌아올 수 있었어.
소현 세자도 조선의 이익을 위해
나라 밖에서 애쓰다 조선으로 돌아왔지.
조선은 어쩌다 보니 전쟁을 연거푸 치렀지만
우리 백성들은 쓰러지지 않았어.
엉망인 집을 고치고, 버려진 논밭을 일구느라 고생했어.
시간이 지나면서 끌려간 포로들도 하나둘 조선으로 돌아왔고.
그러고 보니 청나라에서 만났던
차돌쇠 할아범은 어찌 되었으려나?

# 4 전쟁의 상처를 극복하라

살면서 네 번이나 전쟁을 겪은 사람 본 적 있니?
나, 차돌쇠가 그 주인공이야!
사람들은 날 '불사신 할아범'이라고 부르지.
임진왜란 때는 진주성에서 돌을 날랐고,
정유재란 때는 도망가는 일본군에게 돌을 던졌지.
한 30년 망가진 터를 고쳐 가며 열심히 살다가
정묘호란이 터지자 화살 나르는 일을 했어.
마지막 병자호란 때는
병사로 나가 싸우다 청나라에 포로로 잡혀갔지.

청나라에서 노예로 살다 돌아오니
예순 살이 넘었더라.
'다시는 고향 땅을 밟지 못할 줄 알았는데…….'
나는 실감이 나지 않았어.
돌아오는 길에 보니 조선 사람들 모두 바빠 보였어.
다들 땅, 길, 집 등을 고치느라 정신없더라고.
그런데 어떻게 청나라에서 풀려난 거냐고?
청나라로 끌려간 포로들은
노예로 팔려 가 온갖 고생을 했어.
우리를 노예로 부리다가 몸값을 내면 풀어 주었지.
조선에 있던 내 아들이 논밭을 팔아서 나를 구해 준 거야.
살아 돌아왔지만 가난해진 가족들을 보니
고개를 들지 못하겠더라고.

내 아들은 오히려 나를 위로해 주었어.

그런데 아이 하나가 나를 말똥말똥 쳐다보더군.
내가 청나라에 있을 때 태어나 처음 보게 된 손자, 먹구였어.
녀석은 내 이야기를 들었는지 호기심 어린 눈으로 물었어.
"할아버지, 진짜로 네 번의 전쟁을 모두 겪으셨어요?"
"그럼! 나의 파란만장한 전쟁 경험을 읊어 볼 테니 들어 보련?"
임진왜란부터 병자호란까지
내가 겪은 것을 노래로 불러 주었지.

여덟 살에 터졌지,
처음 난리 임진왜란!
다시 터진 정유재란.
다친 나라 고치느라 이래저래 정신없어.
겨우 숨 돌리니 이번에는 후금이 문제.
형님으로 모시겠다니
얼씨구나 돌아가네.
2개월 만에 끝난 정묘호란!
후금이 청나라가 되어 다시 찾아와
신하 나라가 되라네. 병자호란!
맞섰지만 끌려가는 노예 신세.
평생을 난리 겪고, 아이에서 노인으로.
이제야 돌아오니 무엇이냐,
인생이란!

노래를 마치고 초롱초롱한
손자의 눈을 보니 정신이 번쩍 들었어.
나를 데려오느라 쓴 돈을 다시 벌어야겠다는 생각이 들었지.
그래도 온갖 전쟁 통에서도 살아남은 나야.
하지만 무슨 수로?
청나라에서 가져온 털모자와 책을 팔아 볼까?
물건을 팔아 손바닥만 한 땅이라도 사야겠어.
청나라 털모자는 비싸게 팔 수 있으니 한양으로 갈까 했는데,
우리 동네 시장도 괜찮다며 가 보라고 하더라고.

괜찮아 봤자 동네 시장이지 뭐.
가장 근본이 되는 것은 농사이니
장사는 웬만하면 하지 말라 했던 조선이잖아.
하지만 막상 가 보니 이게 웬걸?
옷감이나 그릇 몇 개 두고 팔던 예전 시장이 아니야.
이젠 사람들이 만들어 쓰지 않고, 다 사서 쓰나 봐.
전쟁 후 필요해진 물건이 많아져 사고파는 일이 잦아졌대.
농사지을 땅을 잃은 사람들이 장사를 많이 하게 되었고.
나는 시장 구석에서 털모자를 들고 외쳤어.

"털모자 사시오. 청나라에서 직접 가져온 털모자요!"
털모자란 소리에 사람들이 금방 몰려들었어.
"털, 털모자라고? 이 귀한 것이 여기에?"
"한눈에 봐도 질이 좋구먼. 내가 사겠소."
털모자는 양반들이 워낙 좋아하는 거라
좋은 값을 받고 금방 팔았어.

뭐? 청나라 털모자?

나에게 파시오!

사시오!

청나라 털모자요!

보시오!

남은 건 스무 권이 넘는 책뿐이야.
까막눈인 나는 무슨 책인지도 모르고
그저 책을 사라고만 외쳤지.
"책 사시오, 책! 청나라에서 가져온 귀한 책입니다."
청나라란 소리에 지나가던 양반이 멈춰 섰어.
"청나라 책이라고? 어디……, 이것은 『동의보감』 아닌가?"
"그게 뭡니까? 귀한 거 맞지요?"
양반이 나를 사기꾼 쳐다보듯 봤어.
"이건 우리나라 허준이 쓴 『동의보감』이란 책이라네.
임진왜란 후 선조께서 백성을 질병에서 구할 수 있는
의학책을 만들라 허준에게 명하셔서 쓰기 시작한 거지.
광해군 때 책이 완성되어 널리 알려지게 되었다네."
"전 이 책들을 청나라에서 가져왔는데요?"
"아, 내용이 하도 좋아서 외국에서도 대인기라고 하더군."
조선 맞춤형 의학책이라는데, 나는 왜 여태껏 몰랐을까?
책이 워낙 훌륭하다 하니 내가 보관하고 있기로 했어.

결국 털모자를 판 돈으로 땅부터 샀지.
나뿐만 아니라 다들 돈이 생기면 땅부터 마련해.
일단 땅이 있어야 뭐라도 키워 먹고사니까.
돈이 적어 기름진 땅은 살 수 없었어.
비록 돌투성이 황무지에 손바닥만 한 땅이지만
이것으로라도 우리 가족 전쟁 상처를 회복하기로 했지.

예전에는 논에 직접 씨를 뿌려 벼를 키웠어.
그런데 모판에 벼의 싹을 틔운 후 논에 옮겨 심는
모내기 방법이 널리 보급되고,
저수지도 많이 만들면서 농사짓기가 훨씬 쉬워졌더라고.

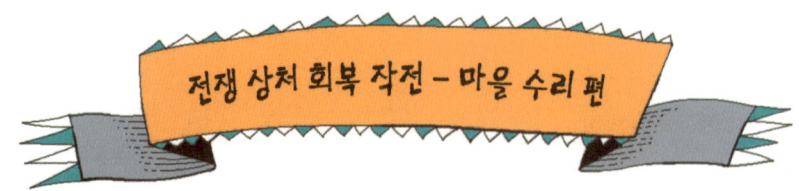

벼농사가 아주 잘되어서 시장에 쌀을 팔러 나온 날이야.
시장 한복판에 사람들이 모여 있더라고.
관청에서 사람들을 모아 놓고 뭔가 알리고 있었어.
"이제 다들 올해 농사일을 끝냈으니 마을 일을 해야 하오."
"전쟁이 끝난 후 해마다 이것저것 많이 했는데요?"
누군가 묻자 관청 사람이 답했어.
"관청도 수리했고, 저수지도 만들었고, 나무도 심었지.
이제 무너진 마을 담장을 고칠 차례요."
뭐? 담장을 고친다고? 내가 끼어들 차례군.
"내가 겪은 전쟁만 네 번이오.
담보다는 길이 우선이지요.
길을 잘 닦아야 수레도 오갈 수 있어 담을 고칠 것 아니오."
"아니, 말로만 듣던 불사신 할아범?
알겠소. 그럼 원님께 말씀드리겠소."
우리는 전쟁으로 사라진 길부터 다시 닦기로 했어.
나라에서 시키는 일이니 어쩔 수 없이 해야 하지만
이왕 하는 거 우리에게 도움이 되는 일을 하면 좋잖아.

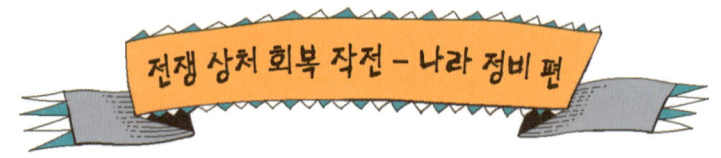

### 전쟁 상처 회복 작전 - 나라 정비 편

우리 가족은 열심히 일한 덕분에 이제 덜 춥고 덜 배고팠어.

"성곽의 벽을 고쳐야 하니 모이시오!"

우리 마을 근처에 외적을 막는 중요한 성곽이 있거든.

농사일이 없는 겨울에는 우리 같은 평민만 나랏일을 하곤 해.

물론 나는 나이가 있어 면제지만 이런저런 도움을 주고 싶어

아들을 따라 사람들이 모여 있는 곳으로 갔어.

"진주성에서 살아남을 수 있었던 건

단단한 성벽 덕분이라 할 수 있지요.

여러분께 제가 그동안 터득한 요령을 알려 드리리다."

돌아다니다 보니 사람들이 포탄 만들 재료를 모으고 있네. 내가 또 병자호란 때 포탄 만드는 일을 도운 적이 있어 어떻게 해야 하는지 아주 잘 알고 있었지.

내가 전쟁을 겪으며 알게 된 것을 이것저것 알려 주고 나니 벌써 저녁이 되었네. 아이고, 피곤하다!

## 전쟁 상처 회복 작전 - 세금 편

집으로 돌아가는 길에 티격태격하는 소리가 들렸어. 들자니 세금 중에서 특산물을 나라에 바치는 '공납'이 쌀로 내는 '대동법'으로 바뀐 것에 대해 말하는 모양이야.

임진왜란이 끝난 뒤 백성들의 세금 부담을 줄여 주기 위해 광해군께서 공납을 대동법으로 고치신 거야.

덕분에 가난한 사람들의 부담이 크게 줄어들었어.

청나라에서 돌아온 지 어느덧 몇 년이 흘렀어.
내가 청나라에 끌려갈 때만 해도 조선은
눈 뜨고 보기 힘들 정도였어.
죽거나 끌려간 사람도 많아 고아들도 늘었고,
병든 사람은 또 얼마나 많았는지.
나라 전체가 아예 망하는 게 아닌가 했다니까.
그런데 이제 전쟁 전만큼 회복한 것 같아.
갑작스러운 전쟁에 다들 놀라고 절망에 빠졌지만
모두가 힘을 합쳐 노력하니까 다시 살 만해지더라고.

# 전란 극복!

평생 전쟁터를 돌았던 나 차돌쇠.
전쟁에서 살아남아
이제 다 무너진 생활 터전까지 회복했어.
이 정도면 불사신 할아범이라 부르는 데
다들 반대하지 않지?

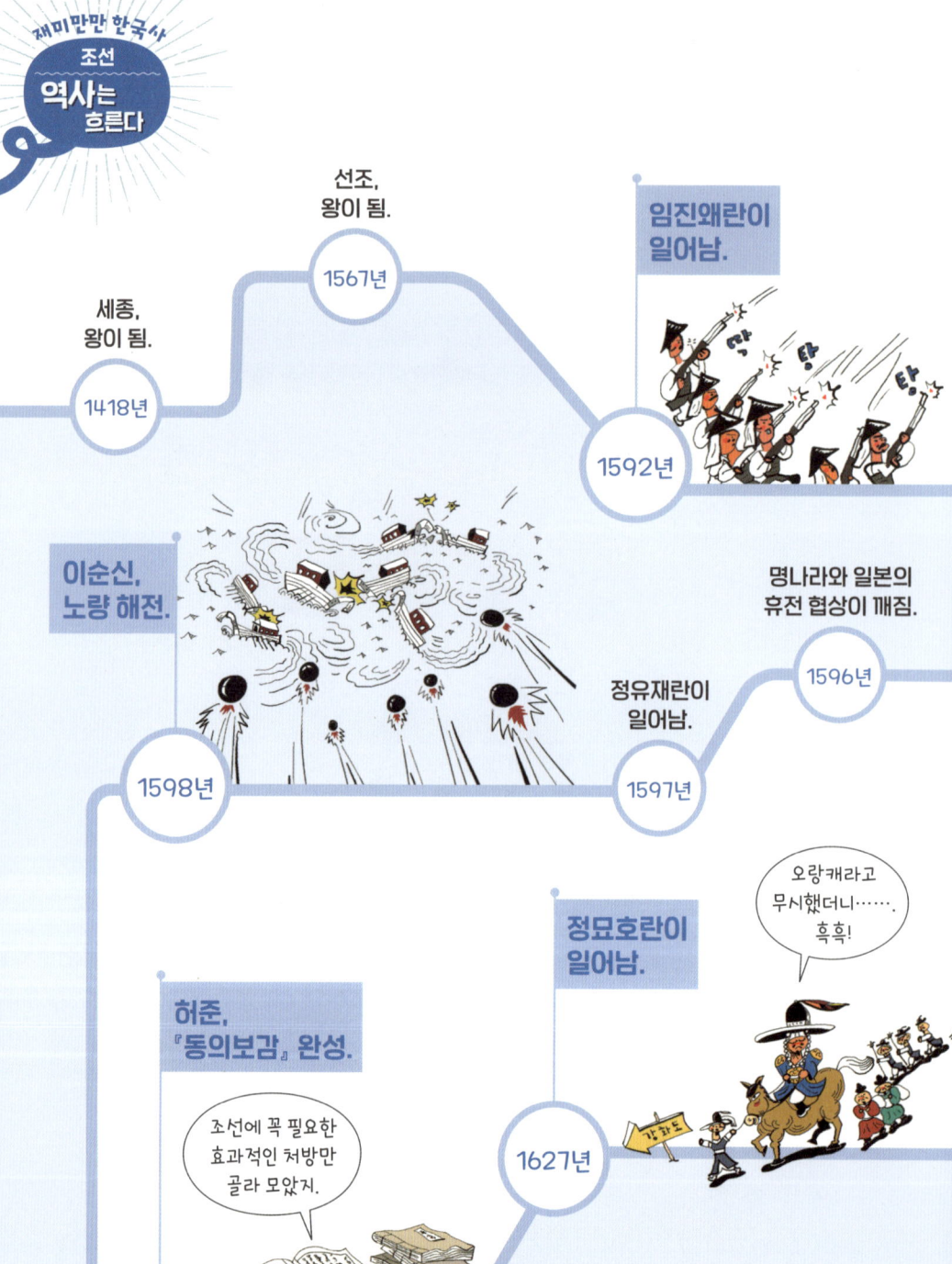

## 글 손주현

서울대학교에서 국어교육학과 미학을 공부했습니다. 어린이·청소년들이 옛것을 통해 올바른 길을 찾아가는 사람으로 성장하길 기대하며 옛날을 담은 책을 쓰고 있습니다. 『은규의 꽃범』으로 MBC 창작동화 장편 부문 대상을 수상했습니다. 쓴 책으로는 『동물원에서 만난 세계사』, 『조선 과학수사관 장 선비』, 『요나라에 간 고려 유학생』, 『백제의 신검 칠지도』, 『열하일기』, 『흠흠신서』, 『조선의 문을 열어라』 등이 있습니다.

## 그림 심민건

프리랜서로 일러스트를 그리며 이야기에 생기를 불어넣는 작업을 하고 있습니다. 그린 책으로는 『똥은 주인을 닮았다』 등이 있습니다.

## 감수 하일식

연세대학교 사학과를 졸업하고, 같은 학교 대학원에서 고대사를 연구하여 박사 학위를 받았습니다. 현재 연세대학교 사학과 교수로 학생들을 가르치고 있습니다. 쓴 책으로는 『신라 집권 관료제 연구』, 『경주 역사 기행』, 『한국 고대사 산책』(공저), 『고려시대 사람들의 삶과 생각』(공저) 등이 있습니다.